MEREZCO ALGO MEJOR!

Por Teryn Roberts

Ilustrado por Sergio Drumond

Este libro está dedicado a mi hijo mayor,
Jadin.
Te merecías algo mejor en aquel entonces.
Te mereces algo mejor ahora.
Nunca dejaré que lo olvides.
Te amo por siempre,
Mamá.

El sábado es mi día favorito de la
semana. Yo juego. Veo dibujos animados.
Y mamá prepara un banquete de desayuno
para un superhéroe hambriento y su amigo
fiel.
[J se refiere a su perro Sampson el bóxer.]
Escuchamos música y bailamos mientras
mamá cocina.

¡Los sábados son lo mejor! Luego mamá recibió una llamada telefónica.

Me di cuenta de que estaba preocupada, aunque ella cree que no lo noté.

"Hey J", dijo mamá con cautela.

"Era tu papá, dijo que te iba a recoger hoy".

Hice una pausa.

No he visto a mi papá en una eternidad, así me parecía.

"Hey, mentón arriba. Eso es grandioso. Estoy segura de que la pasarás muy bien. Y sabes que estaré aquí cuando vuelvas", ella dijo.

Lo pensé y lo pensé.

Mamá usualmente tiene la razón sobre este tipo de cosas. ¡Está bien! Sonreí alegremente.

¡HURRA! ¡Voy a compartir un rato con mi papá hoy! Grité mientras volaba por la casa.

Me devoré el desayuno como si fuera el niño más rápido del mundo.

Me bañé y me vestí en un tiempo récord.

¡ESTABA LISTO!

Él no vendrá, ¿cierto? Murmuré. "No, J, no creo que él vaya a venir"

"Lo siento cariño".

"¿Qué tal si vamos a comer pizza y helado?" sugirió mamá.

Supongo que sí. Encogí los hombros y torcí los ojos.

"Veamos una película, puedes escogerla"

Sí, claro... Lo que sea. Suspiré.

"Ok, cariño, es hora de prepararse para ir a dormir".

Mientras me cepillaba los dientes, me miré en el espejo y las lágrimas empezaron a caer.

¿Por qué no me quiere? ¿Qué hay de malo conmigo? Lloré.

Mamá solo me abrazó y me abrazó hasta que me calmé.

"¿Sabes lo que veo cuando te miro?"

Sacudí la cabeza mientras me limpiaba mi nariz con la manga.

"Eres un niño increíble. Eres amable y tienes un corazón muy grande. No hay nadie en este mundo como tú, y ese es tu superpoder".

"Ahora mírate en el espejo y repite después de mí".
"SOY IMPORTANTE!"
"SOY ESPECIAL!"
"SOY AMADO!"

NUNCA DEJARE QUE NADIE
ME HAGA SENTIR QUE
NO IMPORTO!
MEREZCO ALGO
MEJOR!

Sobre el Autor

Siendo afortunada de ser criada por sus padres y además padres adicionales que estaban dinámicamente involucrados en su vida, Teryn se encontró en un territorio desconocido teniendo que criar a su adorable hijo con un padre inconsistente. El joven J tenía una personalidad más grande que la vida, y estaba decidida a hacer lo que fuera necesario para mantenerlo animado y con un espíritu brillante.